Grands Événements | numéro **9**

LES NATIONS UNIES,
UNE ORGANISATION CONTESTÉE ?

—— Au cœur de la politique internationale

par Camille David

50MINUTES

Avec la collaboration de Thomas Jacquemin

LES NATIONS UNIES

- **Quand ?** Ratification de la charte des Nations unies le 24 octobre 1945
- **Où ?** À San Francisco (États-Unis)
- **Acteur principal ?** Franklin D. Roosevelt, homme d'État américain (1882-1945)
- **Répercussions ?**
  - Mise en place d'opérations de maintien de la paix
  - Contrôle du nucléaire
  - Aide au bien-être économique et social

Institution incontournable dans l'échiquier mondial, l'Organisation des Nations unies est régulièrement sous le feu des projecteurs. Opérations de négociation de paix, envoi des Casques bleus pour faire cesser des combats, assistance humanitaire dans un pays secoué par un séisme, coordination de l'aide médicale en cas d'épidémie : on ne compte plus le nombre d'interventions orchestrées par l'ONU à travers le monde. Mais cette institution n'a pas toujours bonne presse et fait parfois l'objet de critiques relatives à son inefficacité dans la résolution de certains conflits, quant à sa structure jugée archaïque et inadaptée aux réalités et aux défis actuels, au point que l'existence même de l'organisme est parfois remise en cause.

Trouvant ses origines dans la Société des Nations créée en 1919, l'ONU n'est pas récente : elle naît à la suite des ravages provoqués par la Seconde Guerre mondiale (1939-1945), dans une volonté profonde et commune de créer un monde meilleur. Fondée le 24 octobre 1945 lors de l'entrée en vigueur de la charte des Nations unies, l'organisation répond aux aspirations de ses États membres de disposer d'un espace de concertation politique à l'échelle mondiale afin d'empêcher une nouvelle guerre, ainsi qu'à régler les nombreux problèmes engendrés par celle-ci. Sa structure et son fonctionnement sont le reflet du nouveau rapport de force international qui se met en place après 1945. Les répercussions de la création de l'ONU sont très importantes : aujourd'hui encore, nombreux sont les organismes qui en dépendent. Avec la fin de la guerre froide et l'apparition de nouveaux défis pour l'humanité, le champ d'action de l'institution n'a cessé de s'étendre. Mais a-t-elle toujours lieu d'être aujourd'hui ?

L'ANCÊTRE DE L'ONU :
LA SOCIÉTÉ DES NATIONS (1919-1946)

L'Organisation des Nations unies n'est pas le premier organisme à vocation mondiale dotée de compétences multiples à voir le jour au cours du XXe siècle. Elle succède à une autre institution créée en 1919 à l'issue du premier conflit mondial : la Société des Nations (SDN).

L'idée de créer ce type d'institution est lancée par le président américain en fonction lors de la Première Guerre mondiale, Thomas W. Wilson (1856-1924). Celui-ci proposait dans son programme, appelé « les Quatorze points de Wilson », de créer un organisme mondial responsable de la paix pour éviter que les horreurs de la Grande Guerre ne se reproduisent. Le pacte de la SDN est signé par 42 pays fondateurs, parmi lesquels la plupart avait pris part au conflit.

Selon le pacte, les objectifs de l'organisation sont triples :

- prévenir les guerres selon le principe de sécurité collective ;
- faire respecter le droit international, grâce à la création en 1922 d'une Cour permanente internationale de justice, et résoudre les conflits par la négociation et l'arbitrage ;
- améliorer la qualité de vie globale de la société.

Le fonctionnement de la SDN, quant à lui, est assuré par une Assemblée générale dans lequel siègent tous les États membres, un conseil composé de neuf membres (cinq permanents, à savoir le

Royaume-Uni, les États-Unis, la France, l'Italie et le Japon) et quatre non-permanents élus par l'Assemblée générale, ainsi qu'un secrétariat chargé de la gestion administrative de l'organisation.

L'ENTRE-DEUX-GUERRES OU L'ÉCHEC DE LA PAIX

Si l'idée de la SDN est audacieuse et nouvelle dans sa conception des relations diplomatiques, elle s'avère toutefois être un échec. En septembre 1939, l'Allemagne et l'Union soviétique envahissent la Pologne, faisant basculer le monde entier dans la Seconde Guerre mondiale. La Société des Nations échoue dans son rôle de gardienne de la paix : elle s'est révélée incapable de prévenir la montée en puissance du nazisme et d'empêcher les agressions des pays de l'Axe (Allemagne, Italie et Japon) durant l'entre-deux-guerres.

Les raisons de cet échec sont nombreuses. Tout d'abord, la Société des Nations ne peut s'appuyer sur une armée propre et est donc soumise au bon vouloir des grandes puissances quant à l'application de ses décisions. L'autorité morale seule de l'organisation ne suffit pas pour contraindre l'un de ses membres à lui obéir. Ensuite, tous les pays n'en font pas partie, comme les États-Unis – qui en ont pourtant été les instigateurs – ou l'Union soviétique bolchévique, qui ne rejoint la SDN qu'en 1934. En l'absence de ces deux acteurs-clés, la défense des principes de la SDN repose sur le Royaume-Uni et sur la France qui, ayant opté pour une politique d'apaisement, hésitent à recourir à la force pour s'imposer. De plus, l'adhésion n'étant pas une condition *sine qua non* pour avoir un rôle important dans l'échiquier mondial, il est facile pour les États d'entrer et de sortir à leur guise de la SDN, sans être mis au ban de la diplomatie. D'importantes puissances décident dès lors tout simplement de quitter cet organisme qui ne s'accorde pas avec leurs aspirations expansionnistes et nationalistes : c'est le cas du Japon et de l'Allemagne en 1933, puis de l'Italie en 1937.

LA SECONDE GUERRE MONDIALE ET LES DÉSIRS D'UNE NOUVELLE ORGANISATION

L'année 1939 sonne le glas de la SDN, mais, ayant déjà à l'esprit l'après-guerre, certains États formulent dès 1941 – alors que l'Europe est presque entièrement soumise aux forces de l'Axe – leur désir de voir la création d'une nouvelle institution. En effet, les ravages causés par la guerre, tant sur le plan humain que sur le plan matériel, mettent en exergue la nécessité d'organiser une concertation poli- tique internationale dès le retour de la paix. Dans ce but, les choses s'organisent dès le début du conflit :

- le 12 juin 1941, la déclaration de Saint-James est signée par les neuf gouvernements en exil à Londres (la Grèce, la Belgique, la Norvège, la Tchécoslovaquie, le Luxembourg, les Pays-Bas, la Pologne, la Yougoslavie et la France libre). Tous s'engagent à œuvrer en concertation avec les autres peuples libres en temps de guerre comme en temps de paix. Ils jettent ainsi les fondements de l'ONU ;

- le 14 août 1941, la charte de l'Atlantique est ratifiée. Alors que les États-Unis n'ont pas encore pris part au conflit, le président Franklin Roosevelt ainsi que le Premier ministre britannique Winston Churchill (1874-1965) réaffirment dans une déclaration commune – appelée la charte de l'Atlantique parce que le document a été signé sur un navire en mer – la volonté de créer une nouvelle institution chargée du maintien de la paix et de la sécurité internationale. Ils esquissent entre autres dans ce projet quelques principes qui organiseraient l'après-guerre, tels que notamment la liberté des mers, le désarmement et la mise en place d'une justice internationale ;
- le 1er janvier 1942, la déclaration des Nations Unies voit le jour. Alors que l'ensemble de l'Europe ou presque est aux mains de l'Allemagne, les représentants des 26 États en lutte contre les forces de l'Axe signent une déclaration commune confirmant l'engagement complet à l'effort de guerre ainsi qu'au refus de procéder à une quelconque paix avec l'ennemi. C'est la première fois que l'expression « Nations unies » est utilisée ;
- les conférences de Moscou (octobre 1943) et de Téhéran (décembre 1943) sont l'occasion pour les quatre grands (l'URSS, le Royaume-Uni, les États-Unis et la Chine), de réaffirmer leur volonté de mettre sur pied, au lendemain de la guerre, et ce dans les plus brefs délais, une organisation internationale chargée de régler les conflits de manière pacifique.

Au sortir du conflit, la communauté internationale doit faire face à de nombreux autres problèmes : il faut maintenant se pencher sur la question des réfugiés, des déportés, des orphelins, des blessés de guerre, mais aussi régler les problèmes d'hygiène et les épidémies. À cela s'ajoute la perspective d'une nouvelle guerre. Cette situation rend indispensable la création d'une organisation internationale qui se chargerait de coordonner les actions de tous les organismes créés durant la guerre.

FRANKLIN ROOSEVELT, HOMME D'ÉTAT AMÉRICAIN

32e président des États-Unis, Franklin Roosevelt est, de son investiture en 1932 à son décès en avril 1945, l'un des hommes forts du XXe siècle et l'un des présidents les plus célèbres des États-Unis.

Né à Hyde Park (New York) le 30 janvier 1882, il est le fils unique d'un riche entrepreneur. Diplômé en droit d'Harvard en 1904, il s'oriente rapidement vers la politique et se fait élire comme sénateur démocrate de l'État de New York. Malgré une maladie qui le prive progressivement de l'usage de l'une de ses jambes, il accède au poste de gouverneur dans le même État, puis à la présidence des États-Unis en mars 1932.

C'est un pays terrassé par la crise de 1929 que Roosevelt doit gouverner. Il prend aussitôt des mesures d'urgence et met en place à partir de 1933 le *New Deal*, une politique basée sur une très forte intervention de l'État dans l'économie et les affaires sociales. Ayant redressé la situation de son pays, il est réélu pour un deuxième et un troisième mandat (1936 puis 1940).

Si son pays n'entre en conflit avec l'Allemagne qu'en décembre 1941, le président décide de manifester sa sympathie envers les démocraties occidentales en leur apportant une aide financière et logistique dans leur combat contre les forces de l'Axe. Ardent défenseur de la création d'un organisme pour le maintien de la paix par l'action collective, il est l'un des instigateurs de la charte de l'Atlantique, document à l'origine des Nations Unies. Roosevelt est également le premier à utiliser l'expression « Nations Unies », dans la déclaration du même nom, et tient une place importante dans la transformation du monde au sortir de la guerre.

Il meurt le 12 avril 1945, alors qu'il venait de remporter un quatrième mandat et avant que n'ait lieu la première conférence qui devait fonder l'Organisation des Nations unies à San Francisco. Il laisse néanmoins à son pays un atout considérable : le leadership économique mondial et la mission d'assurer la défense d'une démocratie dans un monde où s'amorce déjà la guerre froide.

LA CRÉATION DE L'ONU

DU PROJET À LA CONCRÉTISATION

Le véritable premier pas vers la création de l'ONU est franchi avec la conférence de Dumbarton Oaks qui se déroule près de Washington. Les représentants de la Chine, de l'URSS, des États-Unis et du Royaume-Uni s'y réunissent du 21 août au 7 octobre 1944 afin d'élaborer les rouages de la future institution, abordant enfin les questions de son objectif général, de sa structure et de son fonctionnement. À l'issue de cette rencontre, le projet est soumis à l'examen des différents membres des Nations unies, lesquels pourront faire part de leurs commentaires et suggestions.

La conférence s'achève sur un désaccord concernant la question importante des conditions nécessaires pour entrer dans l'organisation et pour obtenir le droit de voter. En effet, l'Union soviétique souhaite que chacune des républiques la constituant soit membre de droit et possède par conséquent un droit de vote. Cette situation accorderait plusieurs voix à l'URSS, ce que les États-Unis ne peuvent accepter. Ce différend augure clairement la séparation qui verra bientôt le jour entre l'URSS et les États-Unis.

La question est tranchée lors de la Conférence de Yalta, qui se tient en février 1945 et qui réunit les chefs de l'URSS, des États-Unis et du Royaume-Uni. Cette rencontre complète le travail entamé à Dumbarton Oaks et un accord partiel est trouvé quant au nombre de républiques soviétiques autorisées à devenir membres de l'ONU : la République socialiste soviétique de Biélorussie et la République socialiste soviétique d'Ukraine auront chacune une voix, portant le nombre total de voix pour l'URSS à trois.

LA CHARTE DES NATIONS UNIES

La conférence de San Francisco (25 avril-26 juin 1945)

C'est à San Francisco qu'aura lieu la prochaine conférence visant à élaborer la charte des Nations unies à laquelle 45 pays ont été conviés. La mort inopinée du président américain Roosevelt fait craindre un ajournement de l'événement, mais son successeur, Harry S. Truman (1884-1972), décide de maintenir toutes les dispositions déjà prises. Les délégués de 50 pays se réunissent donc du 25 avril au 26 juin à San Francisco afin de participer à cette conférence historique.

LE SAVIEZ-VOUS ?

Si 45 pays ont reçu l'invitation envoyée le 5 mars 1945, 50 étaient présents et l'on compte 51 signatures sur la charte. Comment expliquer cela ?
Les 45 pays invités sont ceux qui avaient déclaré la guerre à l'Allemagne et au Japon, et qui avaient donc signé la Déclaration des Nations unies. Venant s'ajouter à ces pays, le Liban et la Syrie, invités par la France, les deux républiques soviétiques socialistes de Biélorussie et d'Ukraine, ainsi que l'Argentine et le Danemark, tout juste libéré, portent le nombre de participants à 51. Mais la Pologne n'a pu assister à la conférence, la composition de son gouvernement ayant été annoncée trop tard. Une place lui sera toutefois laissée sur la Charte pour qu'elle puisse la signer ultérieurement et faire partie des 51 membres fondateurs de l'organisation. Aujourd'hui, ce sont 193 pays qui ont adhéré à l'ONU, ce qui représente la quasi-totalité des États du monde, à l'exception de quatre États reconnus mais non-membres : la Palestine, le Vatican, les îles Cook et Nioué (Pacifique). Le statut d'État étant l'une des conditions d'adhésion, des entités comme le Kosovo ou le Tibet, n'étant pas reconnues par tous les États, ne peuvent prétendre à rejoindre l'organisation.

Mettre d'accord 50 pays pour composer un tel document n'est pas chose aisée. Les divergences de point de vue provoquent en effet plusieurs crises qui font craindre à quelques observateurs que la conférence n'aboutisse pas sur un accord. Ainsi, la question de la tutelle des anciennes colonies des vaincus ou encore la question du droit de veto des grandes puissances freinent quelque peu les débats. Mais ces quelques dissensions sont finalement surmontées et la Charte est adoptée le 25 juin 1945 à l'unanimité. Elle est signée le lendemain par les délégués de chacun des 50 États. Elle n'entre toutefois en vigueur que lorsque tous les membres l'ont ratifiée, à savoir le 24 octobre 1945, date officielle de la fondation de l'ONU et de la fin de la SDN.

Objectifs et principes de l'ONU

La Charte des Nations unies est l'élément constitutif de l'organisation : elle fixe les objectifs de l'institution ainsi que les principes, droits et devoirs qui devront être respectés par tous les pays acceptant de s'y soumettre et d'entrer dans l'organisation.

L'ONU a quatre objectifs essentiels, fort proches de ceux de la SDN :

- maintenir la paix et la sécurité dans le monde en favorisant les relations amicales entre les pays ;
- assurer le respect de la justice, de la tolérance, de la liberté d'autrui, du droit des peuples à disposer d'eux-mêmes ainsi que la défense des Droits de l'homme ;
- aider les pays défavorisés à améliorer leur sort pour vaincre la faim, l'analphabétisme et la maladie ;
- favoriser le progrès technique et social.

Les principes essentiels de l'organisation sont décrits dans la Charte :

- l'égalité souveraine de tous ses membres ;
- le règlement pacifique des différends et l'interdiction d'avoir recours à des menaces ou à la force armée en cas de conflits ;
- le respect du droit des peuples à disposer d'eux-mêmes ;
- l'interdiction d'intervenir (non-ingérence) dans les affaires qui relèvent de la compétence nationale d'un État.

Composition de l'ONU

La structure de la nouvelle organisation se fond avec les anciennes structures de la SDN. En effet, elle se compose de six organes principaux :

- l'Assemblée générale. Elle représente le seul organe où tous les pays adhérents de l'organisation sont représentés. C'est une sorte de parlement des États membres. Ses compétences sont très diverses : étudier, délibérer et faire des recommandations destinées à encourager la coopération internationale. Mais aucun État n'est obligé de se soumettre à ce qui s'apparente davantage à des conseils qu'à des injonctions. L'Assemblée générale se charge également de l'élection des membres des autres organes de l'ONU et supervise l'action de certains organismes et agences.
- Si son influence est assez limitée, elle a parfois attiré l'attention sur des questions graves et a ainsi forcé la communauté internationale à prendre position ou à s'attaquer à des problèmes importants, tels que notamment la décolonisation en Afrique ou encore l'apartheid en Afrique du Sud. Lorsque l'Assemblée doit prendre une décision, une majorité simple est habituellement requise, chacun des membres ayant une voix, et ce quelle que soit sa taille ou sa population. Pour certaines questions plus importantes cependant, comme le budget ou l'admission d'un nouveau pays, une majorité des deux tiers est demandée au sein de l'Assemblée générale ;
- le Conseil de sécurité. À l'origine, 11 États le composent, dont cinq membres permanents (l'URSS, les États-Unis, le Royaume-Uni, la France et la Chine) et six membres non-permanents élus par l'Assemblée générale pour un mandat de deux ans. Avec l'augmentation du nombre d'adhérents à l'ONU, un amendement à la Charte a porté, en 1965, le nombre de sièges au Conseil de

sécurité à 15, avec toujours les mêmes cinq permanents et dix
non-permanents choisis de façon à obtenir une représentation
équitable de chaque continent.

Le Conseil de sécurité est responsable du maintien de la paix et de
la sécurité dans le monde. C'est donc à lui qu'incombe la charge
d'empêcher le déclenchement d'une guerre. Lorsqu'il est saisi par un
pays impliqué dans un conflit, le Conseil de sécurité vote une décision
– appelée « résolution » – que tous les États concernés sont censés
respecter. L'action de ce Conseil est graduelle :

- lorsqu'une plainte est déposée par un État, il évalue les possibi-
  lités de négocier une fin pacifique au conflit ;
- si aucune solution pacifique n'est trouvée et que le Conseil conclut
  à une véritable menace pour la paix, voire à une violation de la
  paix, des sanctions diplomatiques ou financières peuvent être prises,
  à l'image du blocus décrété lorsque l'Irak a envahi le Koweït en 1990 ;
- si ces mesures se révèlent inefficaces, la Charte permet au Conseil
  de sécurité d'envoyer un contingent armé – les Casques bleus – dans
  les zones de conflit, soit pour garantir la paix lorsque les belligé-
  rants ont accepté de cesser les combats, soit pour imposer la paix
  lorsqu'aucun des protagonistes n'est enclin à mettre fin à la guerre.

Toute décision est votée à majorité de neuf de ses membres, mais chaque membre permanent du Conseil de sécurité a un droit de veto qui lui permet de s'opposer et de bloquer toute décision prise par les autres pays. C'est ce droit de veto qui avait été le nœud d'un désaccord important lors de la rédaction de la Charte. C'est également lui qui causera d'importants problèmes durant la guerre froide et qui le fait encore aujourd'hui.

- le secrétariat. Le principal organe de gestion de l'ONU bénéficie d'un mandat de cinq ans renouvelable. Composé des fonctionnaires issus des différents pays membres (environ 9 000 employés basés aujourd'hui à New York, Vienne, Genève et dans d'autres grandes villes), il exécute les tâches administratives que lui assignent les autres organes de l'institution, prépare les rapports, réalise des études et des enquêtes, etc. C'est également lui qui relaye les plaintes au Conseil de sécurité et doit porter à la connaissance de l'organisation toute question menaçant la sécurité internationale.

Le secrétaire général est le responsable de la gestion et est élu par l'Assemblée générale sur recommandation du Conseil de sécurité pour un mandat de cinq ans. À la fois porte-parole de l'ONU et véritable incarnation de l'institution, il est souvent amené à intervenir comme négociateur en chef en cas de conflit ;

- le Conseil économique et social. Il coordonne les actions économiques et sociales des différents programmes de l'organisation et encourage la coopération internationale en vue d'améliorer la situation des pays les moins développés. À l'origine composé des représentants de 18 pays élus pour des mandats de trois ans par l'Assemblée générale, ce chiffre est passé, depuis les amendements de 1965 et de 1974, à 54 ;

- le Conseil de tutelle. Il est chargé de superviser la façon dont sont gérés les territoires placés sous tutelle de l'ONU et de les amener à acquérir l'autonomie ou l'indépendance. Issu du système de mandat de la SDN, ce système est mis en place afin d'éviter que les colonies reprises aux pays vaincus ne soient annexées par les pays vainqueurs. Il suppose que l'administration de la colonie soit confiée à un pays tuteur jusqu'à ce que son statut soit déterminé. Avec le mouvement de décolonisation qui s'est produit durant les années cinquante et soixante, le rôle du conseil tend à diminuer progressivement jusqu'en 1994, lorsque Palau, dernier territoire sous tutelle des îles Carolines, accède à l'indépendance. Cet organisme a reçu, depuis, de nouvelles attributions, parmi lesquelles l'administration du patrimoine commun de l'humanité et la mise en place d'un espace de discussion pour les peuples minoritaires et aborigènes ;

- la Cour internationale de justice. Son siège se situe à La Haye depuis sa création en 1946. Elle forme le principal organe judiciaire de l'ONU. 15 juges, représentant un échantillon des grands systèmes juridiques internationaux, sont élus pour neuf années par le biais de deux votes distincts, l'un étant effectué par l'Assemblée générale, l'autre par le Conseil de sécurité. En plus de fournir des avis juridiques lorsque d'autres organes le lui demandent (compétence consultative), la Cour peut rendre des décisions d'arbitrage contraignantes (compétence contentieuse), mais seulement lorsque les parties se soumettent à sa juridiction. Dans ces cas-là, la décision doit être obligatoirement suivie sous prétexte d'en informer le Conseil de sécurité.

Le « système des Nations unies » désigne les nombreuses divisions administratives attachées à des domaines spécifiques gravitant autour des six organes principaux de l'ONU. Ces organes subsidiaires et agences spécialisées sont rattachés à l'Assemblée générale ou au Conseil économique et social. Parmi les plus connus, on trouve :

- le Bureau international pour la reconstruction et le développement, créé en 1945 (BIRD) ;
- l'Organisation pour l'alimentation et l'agriculture, fondée en 1945 (FAO) ;
- le Fonds monétaire international, né en 1945 (FMI) ;
- l'Organisation internationale du travail, fondée en 1946 (OIT) ;
- l'Organisation mondiale de la santé, née en 1946 (OMS) ;
- l'Organisation des Nations unies pour l'éducation, la science et la culture, née en 1946 (UNESCO) ;
- l'Agence internationale de l'énergie atomique, fondée en 1956 (AIEA) ;
- l'Association internationale pour le développement, fondée en 1960 (AID).

RÉPERCUSSIONS

LA PAIX ET LA SÉCURITÉ INTERNATIONALE

Une des principales missions de l'ONU est de préserver la paix et la sécurité des nations. Pendant la guerre froide, une première génération d'interventions (13 au total entre 1948 et 1988) ont été lancées lors des conflits au Moyen-Orient, en Afrique et en Asie.

À peine est-elle mise sur pied que l'organisation est déjà sollicitée pour résoudre un conflit de territoire entre deux communautés provoqué par la fin du mandat britannique dans l'une de ses colonies : la Palestine, revendiquée par les Palestiniens et les Israéliens. Un plan de partage est voté par l'Assemblée générale le 29 novembre 1947 qui voit l'abandon de l'idée d'un État unitaire au profit d'un État fédéré binational. Coexisteraient donc un État arabe et un État juif tandis que l'administration de la capitale Jérusalem – qui obtiendrait le statut de ville internationale – serait placée entre les mains des Nations unies. Mais l'échec du plan entraîne les conséquences que nous connaissons, le conflit perdurant depuis bientôt 70 ans. Une première force de maintien de la paix – mais qui ne sera présente qu'en tant qu'observateur non armé – est envoyée en 1948 pour veiller au respect de la trêve arabo-palestinienne. Quant à la première intervention des Casques bleus, elle a lieu dans le cadre de la crise de Suez (1956), guerre entre l'Égypte et une coalition formée d'Israël, de la France et du Royaume-Uni, à la suite de la nationalisation du canal de Suez.

Depuis la chute du mur de Berlin, 56 opérations de deuxième génération ont été élaborées avec une multiplicité d'objectifs sociaux et politiques : supervision des élections au Cambodge (1991-1993), aide humanitaire en Somalie, présence de Casques bleus à Chypre, etc. Malgré le nombre grandissant d'interventions, certains lui reprochent de ne pas avoir pu empêcher en 1994 le génocide des Tutsis au Rwanda qui a fait près de 800 000 morts. L'ONU a également été fortement critiquée suite au désastre de Srebrenica (Bosnie-Herzégovine) en juillet 1995, les 400 Casques bleus néerlandais présents sur place n'étant pas intervenus dans le massacre de civils suite à un manque d'informations de la part de New York. Mais leur non-intervention est parfois liée au veto posé par l'un des membres permanents du Conseil de sécurité : par exemple, aucune action n'a été menée au Tibet ou encore en Tchétchénie, suite au veto de la Chine ou de l'URSS. Cette situation amène certains spécialistes à proposer une vaste réforme de l'administration de l'ONU, convaincus de l'inadaptation de ses structures aux défis actuels.

LE DÉSARMEMENT ET LE CONTRÔLE
DU NUCLÉAIRE

Les fondateurs de l'ONU espéraient que le maintien de la paix permettrait de contrôler et de diminuer à long terme l'armement mondial. Malgré un évident constat d'échec, l'institution a facilité la négociation de plusieurs traités multilatéraux dans un contexte tendu de guerre froide, tels que notamment le traité d'interdiction des essais nucléaires (1963), celui interdisant de placer des armes de destruction en orbite, sur la Lune ou sur tout autre corps céleste (1966) ou encore le traité de non-prolifération des armes nucléaires (1968). Il a toutefois fallu plus de 20 ans avant que des puissances nucléaires ne ratifient ce dernier traité, et, à ce jour, toutes ne l'ont pas encore fait. Il en est de même pour le traité d'interdiction complète des essais nucléaires qui, négocié en 1996, n'est toujours pas entré en vigueur. Malgré la complexité de ses missions, l'ONU continue toutefois à tenter d'éliminer les armes de destruction massive, ainsi qu'à limiter et à contrôler l'armement et le nucléaire.

L'AIDE AU BIEN-ÊTRE ÉCONOMIQUE
ET À LA COOPÉRATION

Nombreux sont les organes subsidiaires et les agences spécialisées dont la responsabilité est de promouvoir le bien-être économique et la coopération dans des domaines tels que la reconstruction consécutive aux guerres, l'assistance technique, les échanges et le développement.

À la suite des destructions survenues lors de la Seconde Guerre mondiale, l'ONU crée l'Organisation internationale pour les réfugiés (1947-1951) à partir d'un organisme existant depuis 1943, l'Administration des Nations unies pour le secours et la reconstruction

(UNRRA). Diverses commissions sont alors formées pour résoudre les problèmes régionaux : pour l'Asie en 1947, pour l'Amérique latine en 1948 et pour l'Afrique en 1958. Après la décolonisation survenue dans les années cinquante et soixante, l'ONU met en place toute une série d'organes destinés à s'attaquer aux problèmes de développement économique dans ces pays. Pensons également à la Banque mondiale – bien qu'elle ne dépende pas officiellement de l'ONU –, qui accorde aux pays en développement des prêts et des subsides, et a soutenu plus de 11 000 projets de développement dans plus de 100 pays depuis 1947.

AIDE AU BIEN-ÊTRE SOCIAL ET À LA COOPÉRATION

Avec les nouveaux défis de la fin du XXe siècle, les importants mouvements de migration et les graves crises humanitaires, le rôle de l'ONU s'est accru en matière de développement social. Des succès marquants ont été obtenus dans l'amélioration de la santé et du bien-être de la population mondiale.

Les Droits de l'homme

Le 10 décembre 1948, l'Assemblée générale adopte la Déclaration universelle des Droits de l'homme, reprenant les droits fondamentaux et naturels de l'homme tels qu'ils sont reconnus et acceptés dans les démocraties occidentales. Deux autres pactes sont également rédigés en 1966 – l'un relatif aux droits économiques, sociaux et culturels et l'autre aux droits politiques et civiques –, mais ceux-ci ne sont pas ratifiés par tous les États. L'action de l'ONU cherche également à renforcer les droits des femmes et des enfants, avec la convention de 1989 sur les droits de l'enfant.

Les questions environnementales

Nombreuses sont les interventions des Nations unies en ce qui concerne les questions environnementales. En 1972, l'ONU organise une conférence sur le développement humain afin de répondre aux inquiétudes mondiales sur les problèmes environnementaux, qui conduit à la création d'un Programme des Nations unies pour l'environnement (PNUE). Chargé de trouver des solutions à divers problèmes d'ordre environnemental, tels que la déforestation, la pollution ou le réchauffement de la planète, le programme aboutit aux protocoles de Montréal (1987), visant à déterminer des mesures en vue de la protection de la couche d'ozone.

En outre, une conférence internationale, appelée le sommet de la Terre, a eu lieu à Rio de Janeiro en 1992 (renouvelée en 2012) et a vu la mise en place d'un plan de développement durable des richesses de la Terre pour le XXe siècle. Depuis 1995, la Convention-cadre des Nations unies sur les changements climatiques se réunit tous les ans et est à l'origine entre autres du protocole de Kyoto (2005), un traité visant à réduire les émissions de gaz à effet de serre.

La santé publique et le bien-être

Deux organismes importants, dépendant des Nations unies, concourent à améliorer le bien-être de la population mondiale. Il s'agit d'une part du Fonds des Nations unies pour l'Enfance (UNICEF), créé en 1946 pour subvenir aux besoins des enfants dans les pays dévastés par la Seconde Guerre mondiale, avant d'être rattaché à l'ONU en tant qu'organisation permanente en 1953. L'UNICEF apporte une assistance humanitaire et de développement aux enfants et aux mères vulnérables. Elle aide notamment à nourrir les enfants dans plus d'une centaine de pays, à leur fournir des produits de subsistance et à éradiquer les maladies infantiles. En plus de travailler à l'amélioration des conditions de vie des enfants, elle exerce une importante responsabilité de surveillance du respect de leurs droits.

L'Organisation mondiale de la santé (OMS), d'autre part, traite toutes les questions relatives à la santé : campagne d'immunisation dans les pays en voie de développement, contrôle de la qualité des médicaments en régulant les firmes pharmaceutiques, intervention en cas d'épidémie et, surtout, actions pour combattre la diffusion du sida.

La question des réfugiés

L'Organisation internationale des réfugiés est chargée, au lendemain de la Seconde Guerre mondiale, de rapatrier, de réinstaller et de subvenir aux besoins de près d'un million de réfugiés. Supprimée en 1952, elle est remplacée par une structure internationale pour les réfugiés (UNHCR). Une convention sur le statut des réfugiés est alors rédigée et un haut-commissaire des Nations unies pour les réfugiés est nommé. En 1949, une organisation plus spécifique est créée, l'Office de secours et de travaux pour les réfugiés de Palestine dans le Proche-Orient, qui gère l'assistance des populations palestiniennes qui se sont établies sur les territoires des États voisins.

UN MONDE SANS LES NATIONS UNIES

Selon certains spécialistes, l'avenir de l'ONU serait de plus en plus compromis sans une réforme de ses structures et de son fonctionnement. En effet, beaucoup pointent du doigt les nombreux problèmes résultant du fait que l'institution, créée dans un contexte particulier d'après-guerre, n'a pas évolué depuis, et se trouve donc inadaptée aux défis d'aujourd'hui. Plusieurs points sont soulevés :

- la multiplication des agences spécialisées et des institutions gravitant autour de l'ONU, qui diminuerait l'efficacité des actions menées. En effet, elle se trouverait ainsi concurrencée par d'autres acteurs internationaux qui sont autant de doublons fragmentant son travail ;
- la capacité de l'organisation à pouvoir représenter 191 États. L'ONU se trouve souvent tiraillée entre les exigences, parfois contradictoires, de ses membres qui cherchent à défendre par là même leurs propres intérêts. Les exemples en la matière sont nombreux. On ne compte plus les nombreux vetos russes et chinois empêchant la prise de sanctions contre le régime syrien de Bashar al-Assad (né en 1956), ou encore le blocage américain survenu en 2011 quant à une résolution visant à condamner la politique de colonisation juive ;
- la composition du Conseil de sécurité. Le choix des cinq membres permanents, détenteurs d'un droit de veto, remonte à plus de 60 ans et serait donc inadapté à la réalité diplomatique internationale contemporaine. Les détracteurs dénoncent ce qu'ils appellent le « directoire des cinq grands » et proposent de revoir à la hausse le nombre de membres permanents pour y inclure de nouvelles grandes puissances, ainsi que le droit de veto qui ne pourrait plus être brandi que dans certaines situations ;

- certaines règles de la Charte de l'ONU. Celle interdisant toute intervention dans un pays si les Nations unies n'ont pas reçu d'accord préalable du pays concerné est particulièrement pointée du doigt. Elle explique notamment la lenteur de l'intervention humanitaire au Darfour en 2011, fortement critiquée par l'opinion internationale.

À cette liste non exhaustive s'ajoutent plusieurs affaires qui ont également entaché l'image de l'organisation. On pense notamment à l'échec de la prévention et de la protection des Tutsis lors du génocide qui s'est produit au Rwanda en 1994. Plus récemment, à l'occasion du séisme qui a secoué Haïti en 2010, l'ONU a eu beaucoup de mal à coordonner rapidement les secours, laissant les États-Unis prendre en charge ce rôle.

Toutefois, de nombreux experts reconnaissent à l'ONU de nombreux atouts qui, aujourd'hui encore, continuent d'en faire un organe indispensable pour la concertation politique mondiale. Jouissant d'un soutien solide de l'opinion publique, l'ONU est avant tout un forum diplomatique, un espace de dialogue regroupant toutes les nations et dont le rôle d'élaboration des normes concourt à forger le cadre dans lequel les États vivent aujourd'hui.

EN RÉSUMÉ

11 nov. 1918	Fin de la Première Guerre mondiale
10 janv. 1920	Création de la Société des Nations
14 août 1941	Signature de la charte de l'Atlantique
1er janv. 1942	Signature de la déclaration des Nations unies
11 fév. 1945	Conférence de Yalta
26 avril 1945	Ratification de la charte des Nations unies
8 mai 1945	Fin de la Seconde Guerre mondiale en Europe
10 janv. 1946	Ouverture de la première Assemblée générale

Les Nations unies © 50MINUTES.com

- Le 10 janvier 1920 est créée la Société des Nations, regroupant 32 pays autour du maintien de la paix internationale. C'est l'ancêtre des Nations unies.

- Le 12 juin 1941, la déclaration de Saint-James est le premier jalon du processus qui aboutit à la création de l'ONU.

- Le 14 août 1941, la Charte de l'Atlantique est signée par le président américain Franklin Roosevelt et par le Premier ministre britannique, Winston Churchill. Elle établit les principes pour une collaboration internationale dont l'objectif est le maintien de la paix et de la sécurité.

- Le 1er janvier 1942, la Déclaration des Nations unies est signée par les représentants de 26 pays en guerre contre les forces de l'Axe.

- Du 21 septembre au 7 octobre 1944, le premier projet de l'ONU est élaboré à la Conférence de Dumbarton Oaks. Les représentants de l'URSS, des États-Unis, de la Chine et du Royaume-Uni s'accordent sur les objectifs, principes, structures et sur le fonctionnement de la future institution.
- Le 11 février 1945, la conférence de Yalta, réunissant Franklin Roosevelt, Winston Churchill et Joseph Staline, parachève le travail entamé à Dumbarton Oaks.
- Le 26 avril 1945, les représentants de 50 pays signent la Charte des Nations unies, élaborée lors de la conférence de San Francisco.
- Le 24 octobre 1945, la Charte des Nations unies est ratifiée par tous les États membres, officialisant la création de l'Organisation des Nations unies, dont le siège social se trouvera à New York.
- Le 10 janvier 1946, la première Assemblée générale s'ouvre à Londres et réunit 51 États. La première résolution qui y est prise concerne la démolition des armes de destruction massive. S'ensuit toute une série d'opérations visant à maintenir la paix mondiale et le bien-être des sociétés.

POUR ALLER PLUS LOIN

SOURCES BIBLIOGRAPHIQUES

- BERSTEIN (Serge) et MILZA (Pierre), *Histoire du XXe siècle. Le monde entre guerre et paix. 1945-1973*, t. 2, Paris, Hatier, 2006.
- CASALIS (Didier), *et al.*, *Histoire des États-Unis*, Paris, Larousse, 1976.
- CHAUMONT (Charles) et MESTRE-LAFAY (Frédérique), *L'ONU*, Paris, PUF, coll. « Que sais-je ? », 2000.
- COMPAGNON (Olivier), « Création de l'ONU », in *Encyclopædia Universalis*, consulté le 31 août 2014.
  http://www.universalis.fr/encyclopedie/creation-de-l-o-n-u/
- DEBOUZY (Marianne), « Roosevelt Franklin Delano (1882-1945) », in *Encyclopædia Universalis*, consulté le 31 août 2014.
  http://www.universalis.fr/encyclopedie/franklin-delano-roosevelt/
- FOMERAND (Jacques), LYNCH (Cecelia) et MINGST (Karen), « Nations unies (ONU) », in *Encyclopædia Universalis*, p. 927-937.
- HUBAC (Jean), *Dictionnaire chronologique des guerres du XXe siècle*, Paris, Hatier, 2013.
- *Nations unies*, consulté le 31 août 2014.
  http://www.un.org/fr/
- « Histoire des Nations unies », in *Nations unies*, consulté le 31 août 2014.
  http://www.un.org/fr/aboutun/history/
- « La Charte des Nations Unis », in *Nations unies*, consulté le 31 août 2014.
  http://www.un.org/fr/documents/charter/index.shtml
- TAVERNIER (Paul), *Les Casques bleus*, Paris, PUF, coll. « Que sais-je ? », 1996.
- *Une autre ONU pour un autre monde*, Paris, Tribord, coll. « Monde(s) du XXIe siècle », 2010.

SOURCES COMPLÉMENTAIRES

- BERTRAND (Maurice), *L'ONU*, Paris, La Découverte, 2004.
- COT (Jean-Pierre) et PELLET (Alain), *La Charte des Nations unies*, Paris, Economica, 2005.
- LIÉGEOIS (Michel), *Maintien de la paix et diplomatie coercitive. L'Organisation des Nations unies à l'épreuve des conflits de l'après-guerre froide*, Bruxelles, Bruylant, 2003.
- MCWHINNEY (Edward), *Les Nations unies et la formation du droit*, UNESCO, Paris, Pédone, 1986.
- MINGST (Karen) et KARNS (Margareth), *The United Nations in the Twenty-First century*, Boulder, Westview Press, 2006.

FILMS ET DOCUMENTAIRE

- *Warrior, l'Impossible Mission*, film de Peter Kosminsky, avec Matthew MacFadyen, Cal Macaninch et Ioan Gruffudd, Grande-Bretagne, 2000.
- *Hôtel Rwanda*, film de Terry George, avec Don Cheadle, Sophie Okonedo et Nick Nolte, États-Unis, Royaume-Uni, Italie et Afrique du Sud, 2005.
- *Shooting Dogs*, film de Michael Caton-Jones, avec John Hurt, Hugh Dancy et Claire-Hope Ashitey, Canada, 2006.
- *Les Casques bleus : des soldats pour la paix*, documentaire C'est pas sorcier, France, 2007.
- *Seule contre tous*, film de Larysa Kondracki, avec Rachel Weisz, Vanessa Redgrave et Monica Bellucci, États-Unis, Canada et Allemagne, 2010.

MONUMENT

- Mémorial à Mouzillon pour les soldats morts en mission depuis 1948 pour les Nations unies.

www.50minutes.com

Éditeur responsable : Lemaitre Publishing
Rue Lemaitre 4 | BE-5000 Namur
info@lemaitre-editions.com

ISBN ebook : 978-2-8062-5968-4
ISBN papier : 978-2-8062-5969-1
Dépôt légal : D/2015/12603/133
Photo de couverture : réputée libre de droits.

Conception numérique : Primento,
le partenaire numérique des éditeurs